AF231023

El Pozo De La Perdicion

Fuga De Un campo de exterminio en las islas galapagos

Or

Pit of Doom

Escape from a Galapagos Death Camp

Jeff Frazier

Photography by/Fotografia de
Jeanette Warner

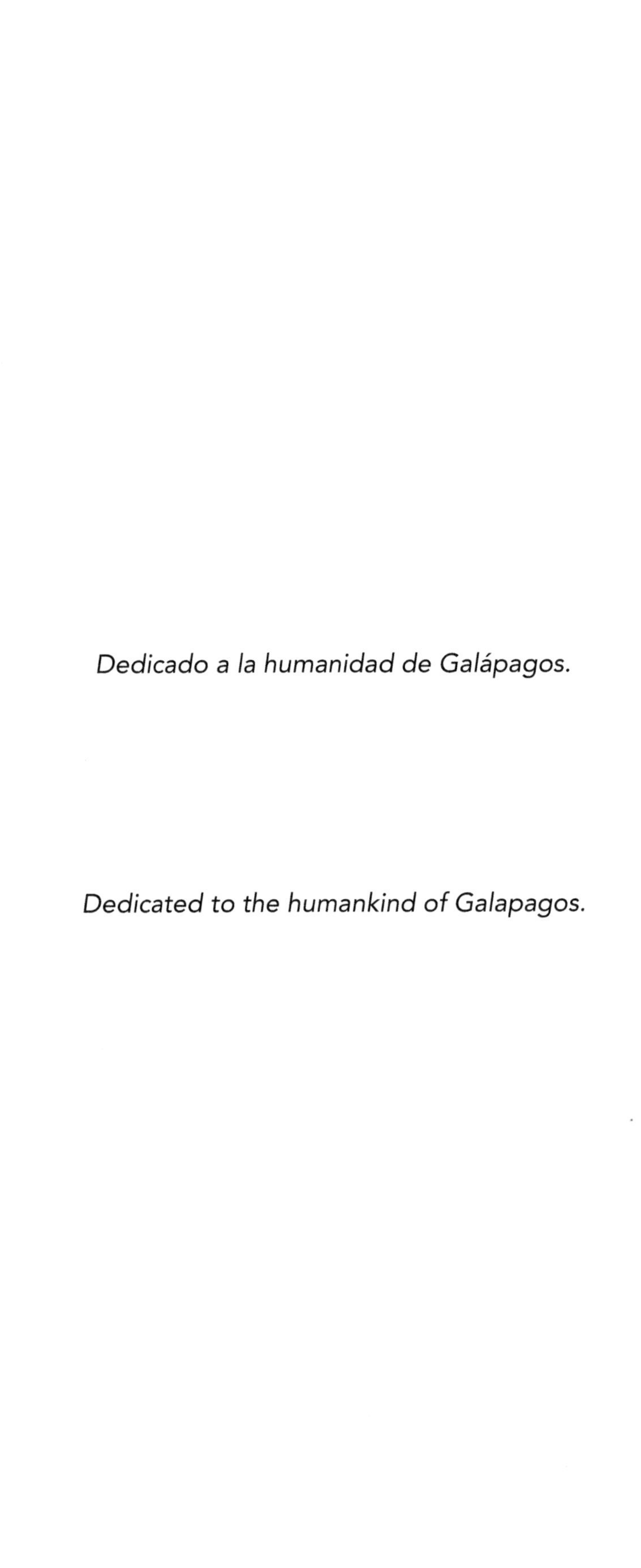

Dedicado a la humanidad de Galápagos.

Dedicated to the humankind of Galapagos.

<u>Foreward</u>

As a child our family moved around a lot. One of the places we lived was Isabela, where this essay takes place. Every morning I'd wake up in this beautiful paradise, and every day I'd fall in love, over and over again, with it's amazing sunrises, beaches, animals, vegetation, people and sunsets; all I saw was the beauty. But I never knew about the dark, terrible things that happened here a short time ago. Isabela wasn't always the happy place it is now... Join me in reading my father's essay and find out the mysterious history and events that went down here only a few decades ago.

Isla Frazier

<u>Prólogo</u>

De pequeña mi familia se mudó varias veces. Uno de los lugares que vivimos fue Isabela, dónde se basa la historia en este libro. Cada mañana me despertaba en este paraíso hermoso, y cada dia me enamoraba más y más. Con sus increíbles amaneceres, playas, animales, flora y fauna, su gente y sus puestas de sol. Solo veía la belleza. Pero nunca supe las cosas terribles que pasaron ahí hace aproximadamente cincuenta años. Isabela no fue siempre el lugar feliz que es ahora.. Acompáñame y lee este libro escrito por mi padre para enterarte de los eventos misteriosos que pasaron en Isabela hace varias, pero no tantas, décadas.

Isla Frazier

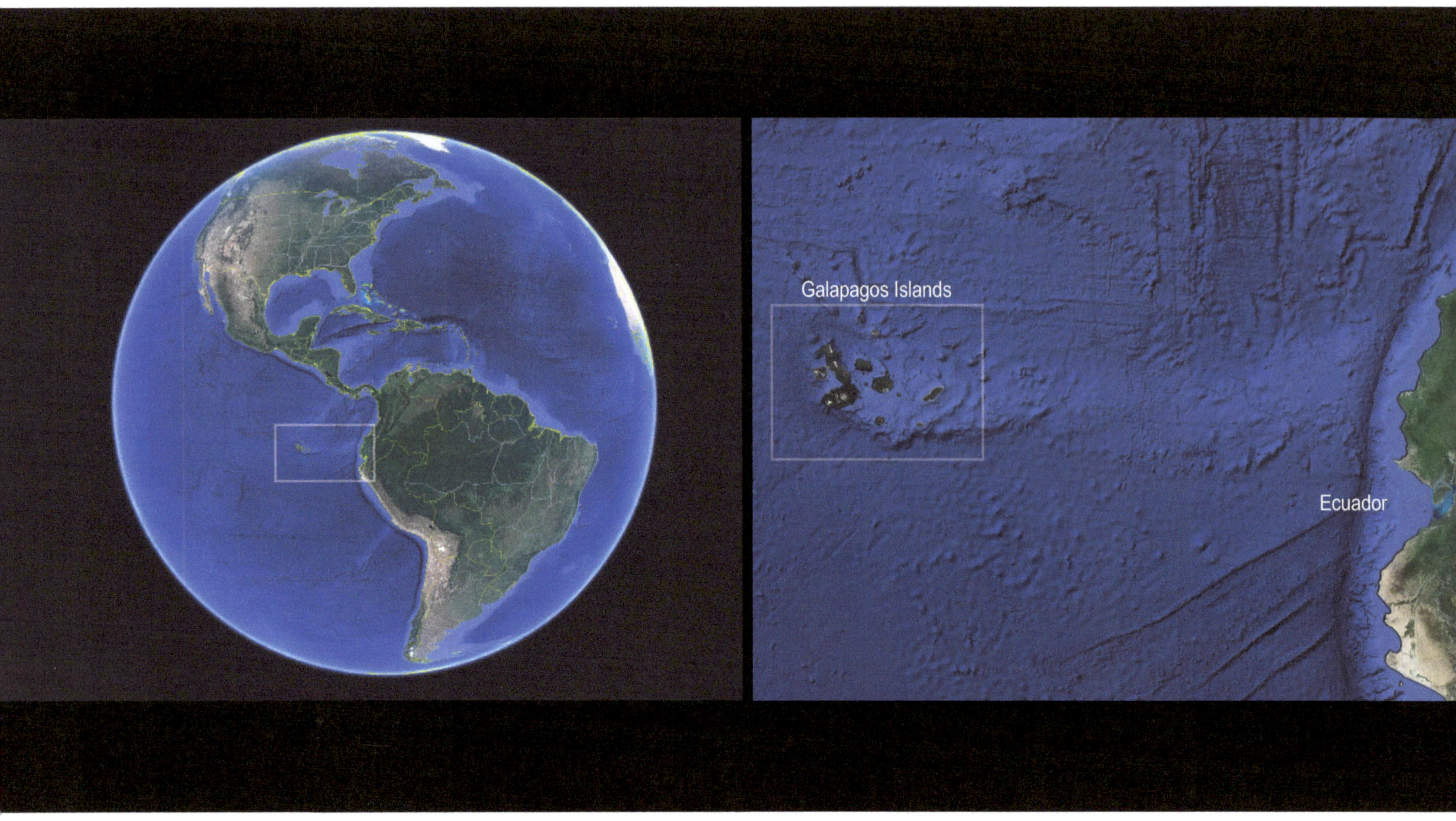

Galápagos es como una cebolla. Más allá de la cortina del parque nacional y la aparición y extinción de especies; las iguanas marinas negras y los pájaros de patas azules; el debate eterno entre el hombre y la naturaleza; através de la pesca y el turismo, y la tensión entre ellos; más allá de la historia humana de los piratas, balleneros y colonos; detrás de la ocupación militar de EE.UU. durante la Segunda Guerra Mundial; hacia abajo a la colonia penal que se convirtió en un campo de exterminio en la isla Isabela en 1946; Galápagos, como una cebolla, tiene muchas capas y te hará llorar.

Isabela es una de las cuatro islas habitadas en Galápagos, su gente vive entre un pueblo de pescadores en la playa y las tierras agrícolas en la ladera sur del volcán Sierra Negra. Es una colonia exitosa, fundada por Don Antonio Gil en 1893. El pueblo costero de Puerto Villamil es precioso, con calles de arena y palmeras, playas largas, y un sinfín de vistas. Las aguas proporcionan abundante atún, lubina, pez sierra, y la langosta. Las tierras altas son igualmente fértiles - un palo de escoba germinaría en el suelo orgánico del volcán. Isabela es un paraíso.

Después de la Segunda Guerra Mundial, Ecuador expulsó a los militares de EE.UU. desde sus bases navales en Galápagos. El gobierno de Ecuador, con el fin de fortalecer su reclamo a la posesión del archipiélago y para limpiar las calles y cárceles ecuatorianas de "vagabundos y mendigos", asaltantes y ladrones, decretó el establecimiento de un colonia penal en la isla Isabela. Sería instalado en el sitio de una antigua estación de radar naval de EE.UU., a cinco kilómetros del pueblo de Puerto Villamil.

En 1946, Isabela tenía una población de 70. Fue entonces cuando los primeros prisioneros llegaron.

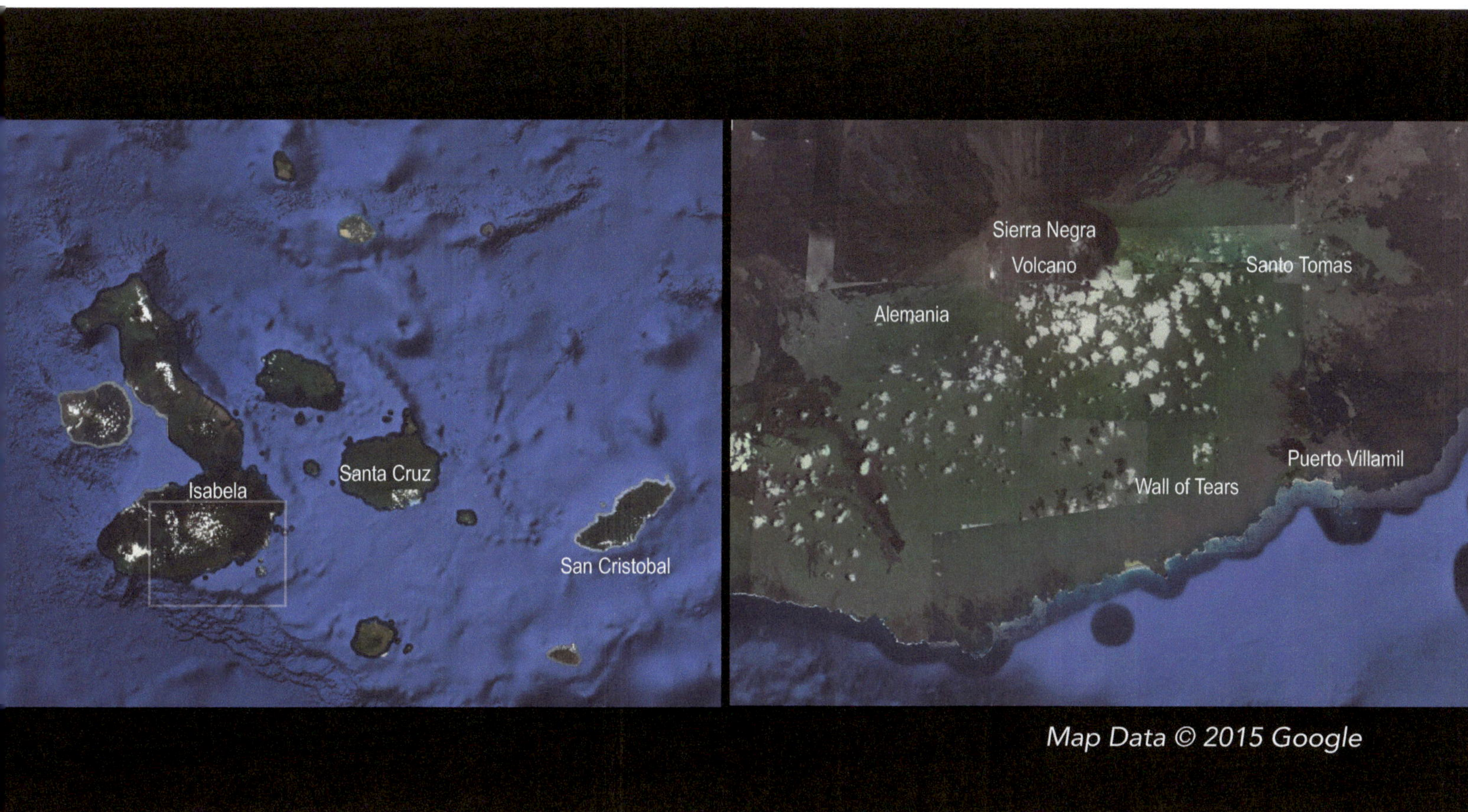

Galapagos is like an onion. Beyond the curtain of the national park and the emergence and extinctions of species, the black marine iguanas and the birds with blue feet, the layers of debate about Man vs. Nature, through fishing and tourism and the tension between them, past the human history of pirates, whalers, and colonists, behind the US military occupation during World War II, down to the prison colony that became a death camp on Isabela Island in 1946, Galapagos, like an onion, has many layers and will make you cry.

Isabela is one of four inhabited islands in Galapagos, its people living between a fishing village on the beach and the agricultural highlands on the southern slope of the Sierra Negra volcano. It is a successful colony, founded by Don Antonio Gil in 1893. The coastal village of Puerto Villamil is beautiful with sand streets and palm trees, long beaches, and endless vistas. The waters provide abundant tuna, sea bass, wahoo, and lobster. The highlands are equally fertile - a broomstick would sprout in the volcano's organic soil. Isabela is a paradise.

After World War II, Ecuador evicted the US military from its naval bases in Galapagos. The government of Ecuador, in order to fortify its claim to possession of the archipelago that had been Ecuadorian territory since 1832 (and to rid the Ecuadorian streets and jails of "bums and beggars", robbers and thieves,) decreed the establishment of a penal colony on Isabela Island. It would be installed at the site of a former US naval radar station, five miles from the village of Puerto Villamil.

In 1946, Isabela had a population of 70. That's when the first prisoners arrived.

La vista desde la casa de Rico Palo - por debajo del borde meridional del volcán Sierra Negra, en las tierras altas agrícolas de Isabela, Galápagos - es alucinógena. Vemos la carretera cayendo abajo por la ladera del volcán, a través de las granjas y cruzando las planchanadas de lava para llegar al pueblo playero de Puerto Villamil, 20 kilómetros más abajo. Por arriba, el borde del cráter volcánico segundo más grande del mundo desaparece en la niebla. La costa sur de Isabela, con sus playas y conos de lava, retrocede hacia el fin del mundo y el vasto Océano Pacífico no da ningún indicio de la próxima tierra hacia el oeste, las Islas Marquesas Franceses, a 3.000 millas náuticas de distancia, un octavo de la distancia alrededor del globo.

Es un buen día para una caza de cerdos.

The view from Rico Palo's home - below the southern rim of the Sierra Negra volcano, in the agricultural highlands of Isabela, Galapagos - is hallucinogenic. We see the road wind down the volcano slope through the farms and across the lava fields and reach the beach town of Puerto Villamil 20 kilometers below. Above, the rim of the second largest volcano crater in the world disappears into the mist. The southern coast of Isabela, with its beaches and lava cones, recedes towards land's end and the vast Pacific gives no hint of the next landfall to the west, the French Marquesas Islands, 3000 nautical miles away, fully one eighth of the distance around the globe.

It's a fine day for a pig hunt.

Aerial photos of Puerto Villamil, Isabela Island 1960 (above) and 2007.

Photos obtained from air missions done by the Instituto Geográfico Militar (IGM), Ecuador.

Foto aéreo de Puerto Villamil, Isla Isabela en 1960 (arriba) y en 2007.

Fotos del Instituto Geográfico Militar (IGM) de Ecuador.

The southern edge of the crater of volcano Sierra Negra. El borde sur del crater del volcán Sierra Negra.

Los cerdos fueron introducidos a las Islas Galápagos por los primeros pescadores y colonos. Hoy en día, los chancos (especies Sus scrofa) en Isabela han desarrollado una relación simbiótica con el árbol de guayaba, (Psidium guajava l.), un árbol invasivo que lleva una fruta deliciosa con un fuerte sabor y olor a almizcle, dulce y fuerte. Crece en un bosque impenetrable y proporciona los cerdos con la alimentación y la cubierta. Los cerdos felizmente corresponden mediante la difusión de las semillas del guayaba, a través de sus excrementos, hacia el oeste por las praderas de las vertientes sur y oeste de Sierra Negra. Contrariamente, la erradicación por el Parque Nacional de las vacas y caballos que históricamente mantenían las pampas (llanuras cubiertas de hierba) por su pastoreo, no ha dejado nada para impedir el crecimiento excesivo de guayaba - al igual que las llanuras del Serengeti están volviendo al arbusto de matorral ya que los pastores Maasai migratorios y su ganado fueron retirados del ecosistema del Serengueti. Las tortugas gigantes de Galapagos serían incapaces de penetrar esta maraña incluso si ellos no hubieran sido comidos o reducidos a aceite en Sierra Negra hace mucho tiempo.

****

Pigs were introduced to the Galapagos by the earliest fishermen and settlers. Today, the feral pigs (species sus scrofa) on Isabela have evolved a symbiotic relationship with the common guava tree, (psidium guajava l.), an invasive tree that bears a delicious fruit with a strong sweet musky flavor and smell. It grows into an impenetrable forest and provides the pigs with food and cover. The pigs happily reciprocate by spreading the guava seeds, via their excrement, westward across the grasslands of Sierra Negra's southern and western slopes. Perversely, the National Park's eradication by helicopter gunships of the wild cattle and horses that historically maintained the grassy plains by their grazing, has left nothing to impede the overgrowth of guava; much like the Serengeti Plains are reverting to scrub bush since the migratory Massai pastoralists and their cattle were removed from the Serengeti ecosystem. Giant Galapagos tortoises would be unable to penetrate this tangle even had they not all been eaten or reduced to oil on the Sierra Negra volcano long ago.

Rico Palo caza cerdos para la alimentación, con fines de lucro, y por el Parque Nacional Galápagos. El esta ensillando cinco caballos y empacando una pequeña bolsa de sillín cuando llegamos. ¿Trajiste caña?

"Obvio", es la respuesta obvia. Se procede a pasar alrededor una patucha de Caña Manabita, el mejor espíritu jamás destilado de la caña de azúcar. "¿Trajiste armas?" le preguntamos.

La sonrisa de Rico Palo es casi imperceptible. Él entra a su casa y regresa con un cuchillo de cocina bien usado, un trapo amarillento envuelto alrededor de la hoja, y lo mete en su bota de goma. "Sr. Palo, tambiénte hemos traído una botella de champán, tal vez para compartir con su esposa." Esta vez su sonrisa, en su caso, era invisible.

"Dame Eso." El champán desaparece en su alforja.

Las hazañas de Rico Palo relacionadas con la fruta-de-la-vid son legendarios. Se dice que él puede cazar, matar y limpiar nueve cerdos en una noche estando absolutamente borracho. Y se nos dice que su hermano es aun mejor cazador. Don Vicente Pinargote, alias Rico Palo, es un maestro cazador. Su padre, Natalo Pinargote, estaba prisionero en la colonia penitenciaria de Isabela en la década de 1950. Natalo sobrevivió al campo de concentración, donde muchos presos fueron asesinados y arrojados a un pozo de lava sin marcar. Natalo quedó en Isabela después de que la colonia penal fue cerrada. Natalo mostró a Rico Palo donde estaban enterrados los cuerpos. Ahora, vamos con Rico Palo para cazar cerdos y para colocar una cruz - hecha a mano y bendecida por el sacerdote de la isla - en una fosa común sin identificación en el medio del Parque Nacional Galápagos.

"Vamos," dice Rico Palo.

Rico Palo on the plains of Buenaño. Rico Palo en las pampas de Buenaño.

Geovanny rides with the dogs. Geovanny en cabalgando con los perros.

R ico Palo hunts pigs for food, for profit, and for the Galapagos National Park. He's saddling five horses and packing a small saddle bag as we arrive. "Trajiste caña?" (Did you bring cane liquor?)

"Obvio," is the obvious reply. We proceed to pass around a patucha (pint) of Caña Mañabita, the finest spirit ever distilled from sugar cane. "Trajiste armas?" we ask. (Did you bring guns?)

Rico Palo's smile is almost imperceptible. He goes into his house and returns with a well-worn kitchen knife, a yellowed rag wrapped around the blade, and sticks it into his rubber boot. "Mr. Palo, we've also brought you a bottle of champagne, perhaps to share with your wife." This time his smile, if any, was invisible.

"Dame eso." (Give me that.) The champagne disappears into his saddlebag.

Rico Palo's fruit-of-the-vine related feats are legendary. It is said he can hunt, kill, and clean nine pigs at night while passed out drunk. We're told his brother is an even better hunter. Don Vicinte Pinargote, aka Rico Palo, is a master hunter. His father, Natalo Pinargote, was a prisoner in the Isabela prison colony during the 1950's. Natalo survived the death camp where many prisoners were killed and thrown into an unmarked lava pit. Natalo stayed in Isabela after the prison colony was shut down. Natalo told his son Rico Palo where the bodies were buried. Now, we're going with Rico Palo to hunt pigs and to place a handmade cross blessed by the local priest on an unmarked mass grave in Galapagos National Park.

"Vamos," says Rico Palo. We go.

Wall of Tears, Isabela Island - Muro de las Lagriams, Isla Isabela

En junio de 1946, 180 presos llegaron a la playa de Isabela. Fueron esposados de la mano por los guardias, y obligados a marchar 5 kilómetros al oeste hacia la abandonada estación de radar de EE.UU. Era un grupo caótico, desde asesinos a inocentes, en su mayoría ladrones y delincuentes menores. Algunos de los nombres en el manifiesto fueron marcados con una cruz, la significación de la que luego sería conocido. La marcha forzada sobre el campo de lava negro bajo el sol ecuatorial inmisericorde era como un paseo en una sartén. No había agua. Vida vegetal, poca. Nada más que piedra. Las muertes pronto comenzaron.

Varios presos de inmediato trataron de huir del campamento. Fueron perseguidos y ejecutados sumariamente. La "ley de fuga" lo permitió. El director de la colonia penal, Jaime Durán, le ordenó a los prisioneros que construyan muros gigantes de piedra al fin de encerrarse. Esta tarea terrible fue aparentemente concebida simplemente para trabajar a los prisioneros hasta la muerte. Llevando rocas de veinticinco kilos sobre sus espaldas desnudas y caminando descalzos sobre las afiladísima rocas de lava, con poco o nada de agua, en el calor sofocante, los prisioneros se derrumbaron y fueron baleados y dejados a los perros salvajes. Otros fueron asesinados por sus dientes de oro. Era común para los colonos de este tiempo encontrar cuerpos parcialmente enterrados. Los gritos de lo que llegó a ser conocido como "El Muro de las Lágrimas," se podían escuchar a kilómetros de distancia.

Dentro de un año, entre un tercio y la mitad de los prisioneros estaban muertos. Se dice que un guardia, apodado "La Bestia" mató a veintitres presos el sólo. En última instancia, el trabajo en el campamento se detuvo. Sólo un monstruoso muro fue construido, 100 metros de largo, 7 metros de altura, 3 metros de ancho, que sigue en pie como un monumento a este terror. Director Duran volvió al continente y fue recompensado por el gobierno ecuatoriano con una beca para Scotland Yard.

Photo above by / Foto arriba de by Laura Brewington

In June of 1946, 180 prisoners arrived on the beach in Isabela, were herded and manacled together by their guards, and marched five kilometers west to the abandoned US radar station. It was a chaotic group, ranging from assassins to innocents, mostly thieves and minor delinquents. Some of the names on the manifest were marked with a cross, a sign they were never to return to the mainland. The forced march over the black lava field under the merciless equatorial sun was a walk into the frying pan. No water. Little plant life. Nothing but rock. The dying soon began.

Several prisoners immediately tried to flee the camp. They were hunted down and summarily executed. The "fugitive law" allowed for such. The warden of the prison colony, Jaime Duran, ordered the prisoners to build giant walls of stone to enclose themselves. This horrifically meaningless task was seemingly conceived simply to work the prisoners to death. Carrying fifty pound rocks on their naked backs and walking largely barefoot over razor sharp lava with little or no water in the oven-like heat, prisoners collapsed and were shot and left to the wild dogs. Others were killed for their gold teeth. It was common for the colonists during this time to find partially interred bodies. The screams from what came to be known as 'The Wall of Tears' could be heard from miles away.

Within a year, one third to one half of the prisoners were dead. One guard, nicknamed 'The Beast' is said to have killed 23 prisoners. Ultimately, work at the camp was halted. Only one monstrous wall was built, 100 meters long, seven meters high, three meters wide, it still stands as a monument to this terror. Warden Duran returned to the continent and was rewarded by the Ecuadorian government with a fellowship to Scotland Yard.

Rico Palo passes around the bottle of champagne. Rico Palo pasa la botella de champán. Thick brush of guava trees and ferns. El bosque de árboles de guayaba y los helechos. Kevin on horseback. Kevin montado.

Montamos los caballos y, seguidos por 5 perros, nos dirigimos hacia el borde del volcán, más allá del antiguo puesto, El Cura, y la última estación del Parque Nacional. Allí, el sendero se dirige hacia el oeste, justo por debajo del borde del cráter, con helechos y guayaba a cada lado. Montamos través de la niebla que empieza a despejar al entrar las pampas abiertas de Buenaño y pasar el sendero que desciende en el cráter a las minas donde los colonos escavaron azufre a mano y lo transportaron por burro a la costa lejana. Rico Palo pide un alto y saca el champán de su alforja.

Nos preguntamos la causa de esta celebración improvisada. Tal vez hemos pasado algún límite definido, una línea que cruzan pocos, pasado las salidas y puestas del sol moderno y hacia la soledad espesa. Un ritual. Una estación de paso.

"Tengo Sed", explica Rico Palo. Sacamos el corcho y pasamos la botella, derramando un poco en el suelo, como es costumbre, para apaciguar a los muertos. Rico Palo vierte el resto en una botella, lo ata a la silla del caballo, y nos lleva por la ladera oeste del volcán hacia el viejo campo de prisioneros.

****

We mount the horses and, flanked by five dogs, head up towards the volcano's rim, past the old hitching post, El Cura, and around the last National Park outpost. There, the trail heads westward, just below the lip of the crater, with ferns and common guava trees on either side. We ride through fog which begins to clear as we enter the open grassy plains of Buenaño and pass the fork leading down into the crater and the mines where colonists mined sulfur by hand and hauled it by burro to the coast far below. Rico Palo calls a halt and takes the champagne from his saddlebag.

We wonder the cause of this impromptu celebration. Maybe we've passed some undefined boundary, a line that few cross, past where the modern day sun rises and sets and toward the ever thickening solitude. A ritual. A waystation.

"Tengo sed," explains Rico Palo. He's thirsty. We pop the cork and pass the bottle, spilling some on the ground, as is the custom, to appease the dead. Rico Palo pours the remainder into a plastic Gatorade bottle, ties it to his saddle-horn, and leads us down the western slope of the volcano toward the old prison camp.

os prisioneros sobrevivientes fueron divididos en cuatro grupos. Los más cercanos a la muerte o contagiados de tuberculosis fueron marchados 5 kilómetros al oeste del Muro de las Lágrimas a un lugar llamado El Porvenir para morir. El más confiable los puso a trabajar en el servicio doméstico en el pueblo en la playa. Otro grupo fue enviado a trabajar en las granjas de las tierras altas en el campamento Santo Tomás. Los prisioneros más temibles, peligrosos y odiados fueron llevados muchos kilómetros hacia el lado oeste del volcán, a un antiguo campamento remoto donde los colonos originales habían plantado café, cítricos y aguacates y donde cazaban chanchos. Este lugar fue llamado Alemánia.

En una esquina del campo de Alemánia era un árbol Bototo, con ramas como tentáculos y calabazas bulbosas colgantes. Cualquier preso que cometía el más mínimo delito fue atado al árbol y golpeado, apaleado, azotado y flagelado, colgado boca abajo y dejado a los mosquitos. Cuando los guardias descubrieron un plan de fuga, los cabecillas fueron ejecutados inmediatamente y una orden salió para liquidar gradualmente a todos los prisioneros en Alemánia. Aunque un nuevo director finalmente rescindió la orden, la muerte era una constante. Los presos fueron puestos en tanques de hierro con sólo dos agujeros de una pulgada para la ventilación y se dejaron en el sol para hornear. Algunos fueron atados al tronco del Bototo y disparados. Presos, sin ceremonia, llevaron los cuerpos a una fosa de lava un corto paseo del campamento. Nuevos presos que llegaban a Isabela con una cruz al lado de su nombre en el manifiesto se destinaron a Alemánia y probablemente el olvido. Se vieron obligados a realizar la marcha brutal alrededor del volcán que llevando quintales de carga. Aquellos que se derrumbaron se quedaron a expirar donde cayeron. Los que llegaron a Alemánia vivieron y murieron en la sombra del árbol Bototo.

Llamando un campo de exterminio en Galápagos "Alemánia" en 1947, justo cuando se iban revelando las atrocidades nazis, es o cínicamente mal o insoportablemente irónico. Se dice que el nombre se remonta a la época colonial de don Antonio Gil. Eso no impidió que la nación de Alemánia proteste formalmente el nombre del campo una vez de que las historias de las atrocidades cometidas allí comenzaron a filtrarse.

Por diez años los prisioneros vivieron con miedo y murieron en la oscuridad. En 1958, un prisionero llamado Patecuco decidió escapar.

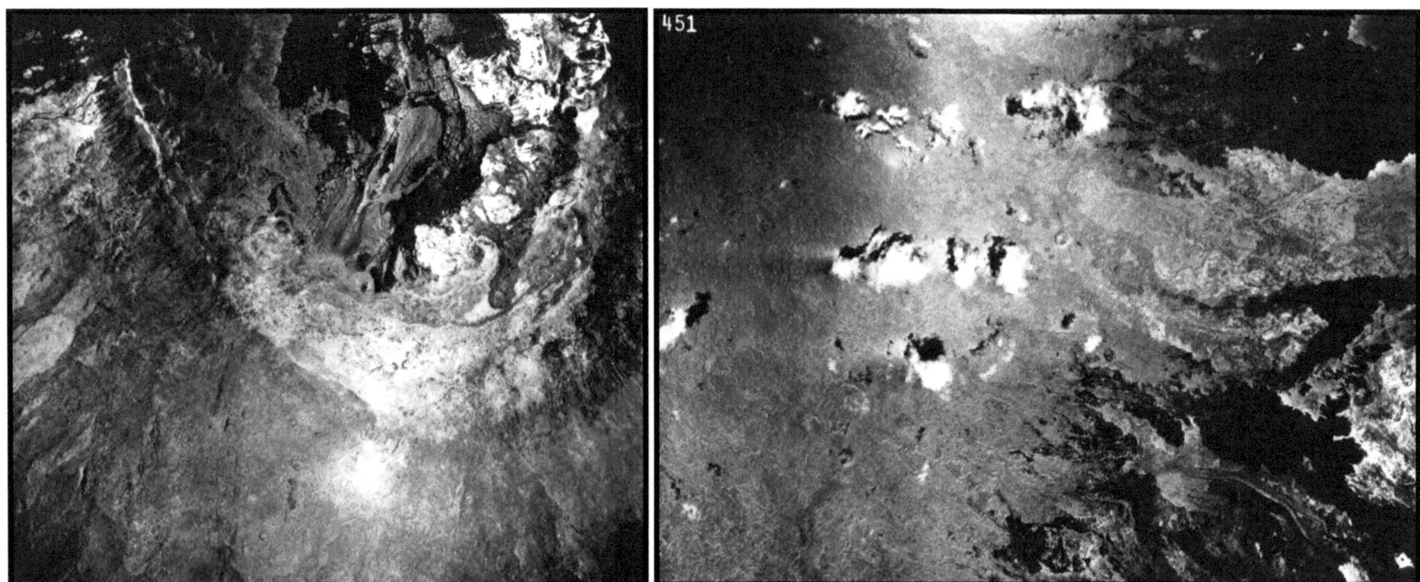

Aerial photos of the slope of the Volcano Alcedo (left) and highlands of Isabela. Vista aérea del Volcán Alcedo (izquierda) y de la parte alta de la Isla Isabela. Institute Geográfo Militar, Ecuador 1960

Map of known areas during the penal colony. Mapa de las zonas conocidos en el tiempo de la colonia penal.

The surviving prisoners were divided into four groups. Those closest to death or contagious with tuberculosis were marched five kilometers west of the Wall of Tears to a place named El Porvenir (The Future) to die. The most trusted were put to work as domestic help in the village on the beach. Another group was sent to work the highland farms, to camp Santo Tomás. The most fearsome, dangerous, or hated prisoners were marched many kilometers around to the west side of the volcano, to an old remote camp where the original colonists had planted coffee, citrus, and avocados and hunted wild pigs. This place was called Alemania.

In one corner of the Alemania camp was a Bototo tree, with tentacle-like branches and dangling bulbous gourds. Any prisoner committing the slightest offense was tied to the tree and beaten, bludgeoned, whipped, and scourged, hung upside-down and left to the mosquitoes. When the guards uncovered an escape plan, the ringleaders were immediately executed and an order went out to gradually liquidate all the prisoners in Alemania. Although a new warden eventually rescinded the order, death was a constant. Prisoners were put into iron tanks with only two one-inch holes for ventilation and left in the sun to bake. Some were bound to the Bototo's trunk and shot. Prisoners were ordered to unceremoniously dispose of bodies in a lava pit a short walk from the camp. New prisoners arriving to Isabela with a cross by their name in the manifest were destined for Alemania and likely oblivion. They were forced to make the brutal march up and around the volcano carrying hundred pound loads. Those that collapsed were left to expire where they fell. Those that made it to Alemania lived and died in the shadow of the Bototo tree.

Alemania means Germany in Spanish. A death camp in Galapagos being called Alemania in 1947, just as Nazi atrocities were being revealed, is either cynically evil or unbearably ironic. While it is said that the name goes back to the colonial days, that did not stop the nation of Germany from formally protesting the camp's name once stories of the atrocities committed there began to seep out.

For ten years, the inmates of Alemania flived in fear and died in obscurity. In 1958, an inmate named Patecuco decided to escape.

Everyone helps with the pig hunt. Todos ayudan con la caza de chanchos.

Los troncos y brazos torcidos y nudosos de los árboles de guayaba, con musgo atado en sus extremidades y flotando en helechos, comienzan a sofocar las praderas de nuestro paso. Durante horas, a veces, sólo el torso del piloto por delante, y la cola de su caballo son visibles a través de la espesura. Llegamos a un prado y de repente los perros alertan y desaparecen en la selva.

"Chancho!" gritan Flaco Kevin, un muchacho larguirucho de 15 años ayudandonos en el viaje y Video, un hombre joven de la playa. Los cazadores desmontan y persiguen a los perros entre los arbustos atrás de los cerdos. Los ladridos de los perros son suplantados por una serie de chillidos agudos y un último grito, inquietantemente similar al grito humano. Luego, silencio. El cuchillo de cocina de Rico Palo ha dado en el blanco. Los cazadores pronto emergen del prado cargando una chancha grande. Rico Palo ata el cerdo a través de la grupa de su caballo. Tragamos el último del champaña y remontamos.

Sombras crecen mientras cabalgamos durante horas entre los conos de lava, ahora cubiertos de Guayabo y helechos. El sendero es visible sólo a Rico Palo y sus caballos.Se dice que unas veces lo han llevado a Rico Palo todo el camino de vuelta a casa mientras que el dormía por los efectos de la caza y la caña. Después de un tiempo, miramos hacia arriba y vemos un dosel de cidrela y árboles de aguacate. El café crece en la sombra. Los árboles de cítricos están en todas partes. El suelo es rico, profundo y húmedo. La temperatura desciende varios grados. El sol invisible se está hundiendo.

"Alemánia", dice Rico Palo. Hemos llegado.

Horses navigate tall ferns. Los caballos ándan por los helechos.

Rico Palo emerges from the thick forest covered in blood. Rico Palo sale del bosque cubierto de sangre.

The crooked, knarled trunks and limbs of guava trees, laced with moss and floating in ferns begin to choke off the grasslands as we pass. Hours pass with only the torso of the rider ahead and the rump of his horse visible through the thicket. We reach a clearing and suddenly the dogs alert and disappear into the bush.

"Chancho!" cries Flaco Kevin, a lanky 15 year old assisting us on the journey and Geovanny, a young man from the village. The hunters dismount and chase the dogs into the bushes after the pigs. The dogs' barking is supplanted by a series of high-pitched squeals and an ultimate, eerily human-like scream. Then silence. Rico Palo's kitchen knife has found its mark. The hunters soon emerge into the clearing carrying a hefty sow. Rico Palo ties the pig across the rump of his horse. We swig the last of the champagne and mount up.

Shadows grow as we ride for hours between lava cones, now covered with Guayabo and fern. The trail is visible only to Rico Palo and his horses, who on previous liquor-filled haunts carried their unconscious master and his catch all the way home. After a time, we look up to see a canopy of high reaching Cidrela and avocado trees. Coffee grows in the shade. Citrus trees are everywhere. The soil is rich, deep, and moist. The temperature drops several degrees. The invisible sun is sinking low.

"Alemania," says Rico Palo. We have arrived.

All that remains of the Alemania Camp is some old iron bars resting among the tree branches and a wheel used to grind sugar cane.

Lo unico que queda del campamento de Alemania son unas barras de hierro descansando entre las ramas y un molino viejo.

En abril de 1958, algunos de los prisioneros decidieron huir de Alemánia. El líder era Patecuco, un hombre alto y fuerte, de ascendencia africana de la región costera de Esmeraldas, donde Ecuador se reúne con Columbia. Sus ancestros eran sobrevivientes de un barco que transportaba esclavos que se amotinaron y escaparon en esas selvas en los 1800's. Una facción rival, liderado por un hombre llamado la Puta Negra, quería saquear y vengarse, matar a los guardias y a los policias y violar a las mujeres antes de comandar un barco. Patecuco sostuvo que si alguien resultaba herido en el escape, los prisioneros sin duda serian asesinados si fueran algun dia capturados. Llegaron a un acuerdo. Nadie sería asesinado y las esposas de los guardias no se tocarían. Las mujeres colonas serían presa fácil.

Bajo el mando de Patecuco, veinticuatro de los cuarenta prisioneros en Alemánia superaron los guardias del campo que habían estado bebiendo caña durante horas. Los guardias se rindieron sin luchar. Vestidos con los uniformes de los guardias y tomando sus armas, los fugitivos partieron en la caminata de diez kilómetros alrededor del volcán hasta el campamento, llamado Santo Tomás, y las granjas familiares que lo rodeaban. Se acercaron al campamento por la noche. Los uniformes de los policias les dieron suficiente elemento de sorpresa para dominar y amordazar a los guardias sin disparar un tiro. Patecuco le permitió a las mujeres de los policías huir a pie a una granja distante.

La noticia de la fuga comenzó a circular en las tierras altas y algunos huyeron de sus hogares. Las esposas de dos agricultores que no se escaparon fueron violadas en presencia de sus maridos atados e indefensos. Todos los policías fueron encerrados en un cuartel. La Puta Negra quería quemarlos vivos. Patecuco insistió en que no había tiempo. Los fugitivos allanaron las provisiones de los agricultores, bebieron su caña, se reunieron con sus armas y se dispusieron a atacar el pueblo de Puerto Villamil, en la costa 20 kilómetros hacia abajo por la ladera sur del volcán, en una carrera contra la advertencia de su propio levantamiento.

****

In April of 1958, some of the prisoners decided to escape from Alemania. The leader was Patecuco, a tall, strong prisoner of African descent from the coastal region of Esmeraldas, where Ecuador meets Columbia. His ancestors were survivors of a ship carrying slaves who mutinied and escaped into the mainland jungles in the 1800s. While Patecuco argued for a peaceful uprising, a rival faction, led by a man called la Puta Negra, wanted to pillage and exact revenge, kill the guards and police, and rape the women before commandeering a boat. Patecuco maintained that if anyone was hurt in the escape, the prisoners would certainly be killed were they ever captured. They reached a compromise. No one would be killed and the wives of the guards would not be touched. The women colonists would be fair game.

Under Patecuco's command, twenty-four of the forty prisoners in Alemania overcame the camp guards who had been drinking caña for hours. The guards surrendered without a fight. Donning the guards' uniforms and taking their guns, the fugitives set off on the ten kilometer trek around the volcano to the lightly guarded camp, called Santo Tomas, and the surrounding family farms. They approached the camp at night. Their police uniforms gave them sufficient element of surprise to overpower, bind, and gag the guards without firing a shot. Patecuco allowed the guards' wives to flee on foot to a distant farm.

News of the escape began to circulate in the highlands and some colonists fled their homes. The wives of two farmers who did not run away were raped in front of their bound and helpless husbands. All the policemen were locked into a barracks. La Puta Negra wanted to burn them alive. Patecuco insisted there was no time. The fugitives raided the farmers' provisions, drank their caña, gathered their guns, and set out to raid the village of Puerto Villamil on the coast twenty kilometers down the volcano's southern slope, racing against the word of their uprising.

Mientras establecemos el campamento y le damos agua a los caballos, vemos pocos indicios de la presencia humana que no sea el aguacate y los árboles de café. Rico Palo carnea el chancho y luego nos señala que lo siguieramos. Nos muestra una piedra de molino de hierro utilizado por los presos para extraer el jugo de la caña de azúcar, de que se destilaba en caña para las guardias. Unas barras de hierro descansan entre las ramas de los árboles. Nada queda del campamento, donde docenas trabajaron y muchos murieron.

Rico Palo luego nos conduce a través de un valle al pie de un árbol inusual. "El Bototo", dice. El árbol de la calabaza. También llamado el pulpo. Sus ramas, donde los prisioneros eran colgados y torturados, son de hecho tentaculares. Sus calabazas tamaño de una toronja se pudren en el suelo en el que nos hundimos. Iluminado por un sol de desvanecimiento, parece verde y avergonzado. El árbol espera para algo. Su corteza demuestra heridas de balas, apenas frenado por su paso a través de los cuerpos de prisioneros atados a su tronco. Tal vez el árbol espera morir.

"Ven," dice Rico Palo con una voz sutil. Él nos lleva lejos de la cañada, a lo largo de un camino de cerdo cubierta de vid entre un pequeño cráter y un cono volcánico. Después de un tiempo se para. Él apunta a un agujero, medio metro de tamaño en el suelo, casi cubierto de maleza, la apertura a un pozo de lava que se extiende hacia abajo más allá del alcance de nuestras linternas y bajo del cono de lava. "Aquí los tiraron", dice Rico Palo. Arrojaron los cuerpos aquí. Se sienta junto a la abertura de pozo y coloca la cruz por encima de ella. "Hasta aquí llega la Parroquia."

La fotógrafa se queda en silencio por un tiempo. Luego desciende a la fosa.

✷✷✷✷✷✷

Once in Alemania, as we set up camp and water the horses, we see little sign of human presence other than the avocado and coffee trees. Rico Palo butchers the pig then signals us to follow him. He shows us an iron millstone used by the prisoners to extract juice from sugar cane, to be distilled into caña for the guards. A few iron bars rest between tree branches. Nothing else remains of the camp, where dozens toiled and many died.

Rico Palo then leads us through a glen to the foot of an unusual tree. "El Bototo," he says. The gourd tree. Also called el pulpo (the octopus). Its branches, where prisoners were hung and tortured, are indeed tentacular. Its grapefruit-sized gourds lie rotting in the soil into which we sink. Backlit by a fading sun, it seems green and ashamed. The tree waits for something. Its bark shows gaping wounds from bullets, scarcely slowed by their passing through the bodies of prisoners bound to its trunk. Maybe the tree waits to die.

"Ven." Come, says Rico Palo in a subtle voice. He leads us away from the glen, along a vine covered pig path between a small crater and a volcanic cone. After a while he stops. He points to a meter-sized hole in the ground, nearly overgrown, the opening to a lava pit that extends down beyond the range of our flashlights, into and under the lava cone. "Aqui lo tiraron," says Rico Palo. They dumped the bodies in here. He sits beside the pit opening and places the cross above it. "Hasta aqui llega la Parroquia." The Parrish reaches to here.

The photographer is silent for a moment. Then she descends into the pit.

The Bototo tree, 2014, Alemania Camp. El arbol de Bototo, 2014 Campamento Alemania.

The Bototo tree, bullet-ridden. El arbol de Bototo, baleado. 2014

Los presos atacaron a Puerto Villamil a media mañana, tomando todas las posiciones estratégicas y los cuarteles de la policía. Patecuco mismo tomó el mando de la sede de la colonia penal, encontrando el capitán en una hamaca, recuperando de un tobillo torcido la noche anterior en un partido de voleibol. Los escapados tomaron el pueblo de playa con mínima resistencia.

De allí comenzó un diálogo asombrado entre Patecuco y el sacerdote local, Don Jacinto Gordillo, en la que se acordó de que los aldeanos se mantendrían en la iglesia, las mujeres y los niños protegidos. Los hombres del pueblo se irían sólo a trabajar y no entrarían prisioneros en el recinto de la iglesia. Patecuco resultó herido defendiendo su liderazgo en un tiroteo con uno de los presos, la Maquinista, quien estaba decidido a sabotear la tregua.

Se respetó la insistencia de Patecuco. Los guardias no fueron asesinados. Grupos de prisioneros vengativos se turnaron para humillar a sus antiguos torturadores policiales, obligándolos a marchar y revolcarse en el chiquero y comer su suciedad. La Puta Negra quería matarlos a todos. La esposa de un ex guardia de la prisión particularmente sádico, fue encontrada junto a su marido en la playa fuera de la iglesia y, en contra del acuerdo, fue violada en serie.

Los prisioneros asaltaron las tiendas y casas. Este insomnio tenso y la frágil paz duraron tres días, hasta que dos barcos de pesca locales regresaron a puerto. Veintiún presos requisaron los barcos y secuestraron a los pescadores. La Puta Negra fue el último a bordo, después de haber permitido a los guardias en cautiverio entrar en el santuario de la iglesia. De allí, los prisioneros navegaron lejos de Isabela para siempre.

The prisoners attacked Puerto Villamil at mid-morning, taking all strategic positions and the police barracks. Patecuco himself took command of the prison colony headquarters, finding the warden in a hammock recuperating from a twisted ankle from the previous night's volleyball game. The escapees took the beach village with minimal resistance.

Then began an astounding dialogue between Patecuco and the local priest, Don Jacinto Gordillo, wherein it was agreed that the villagers would remain in the church, the women and children protected. The village men would leave only to work and no prisoners would enter the church grounds. Patecuco was injured defending his leadership in a shoot-out with one of the prisoners who, determined to sabotage the truce, had smashed the communication equipment and generator.

While Patecuco's insistence that the guards not be killed was respected, groups of vengeful prisoners took turns humiliating their former tormentors, forcing them to march and wallow in the pigpen and eat their filth. La Puta Negra wanted to kill them all. The wife of a particularly sadistic former prison guard was found together with her husband on the beach outside of the church in breach of the agreed curfew. She was serially violated.

The prisoners raided the stores and homes. This sleepless, tense, tripwire, fragile truce lasted for three days until two local fishing boats returned to port. Twenty-one prisoners commandeered the boats and kidnapped the fishermen. La Puta Negra was the last aboard, having allowed the captive guards to enter the church sanctuary. Then the prisoners sailed away from Isabela forever.

Huesos en una pila encontrado en el tubo de lava.

Te ves en el agujero con tu faro - no puede ser de más de medio metro de diámetro, con tanta vegetación en el cepillo que podrias fácilmente seguir caminando sin verlo. Lo que algunos refieren como un sendero es lo único entre el agujero y el borde de un cráter. El sol se pone - estas a un kilómetro del campamento donde Flaco Kevin ha quedado a encender el fuego y freír el chancho. La luz de su lámpara desaparece en la oscuridad.

Vas al revés, cuidadosamente buscando puntos de apoyo. Video tiene su peso y te ayuda bajar. Momentáneamente reflexionas sobre cómo engañosamente fuertes son los hombres ecuatorianos. Pequeños de estatura, poseen una fuerza del hombre viejo inexplicable. Sientes que tu pie se apodera y das la señal para que te libere. Investigas con cuidado el piso, tomas un paso tentativo hacia la cueva, cambiando tu peso mientras haces contacto con el suelo desmoronado.

Ajustas tu faro y miras a tu alrededor. La cueva se encuentra a unos 15 pies de alto y estrecho, de 4 pies en él es el más fino, 8 pies en su parte más ancha. Partes de ella se derrumbaron, dejando al descubierto la roca encima y haciéndolo serpentear en el olvido. La cueva se remonta a unos 30 metros, donde se bifurca en dos tubos más pequeños, los cuales se han derrumbado. El agua puede drenar hacia abajo, pero nadie puede pasar a través.

Las paredes están húmedas, el aire también, más caloroso que el aire exterior. Levantas la vista hacia la entrada; el agujero parece mucho más pequeño desde abajo. Un poco de luz natural se filtra para iluminar las rocas, y está envuelta rápidamente por la oscuridad, ya que se desplaza hacia abajo. El musgo parece un verde vibrante, todo los demás tonos apagados. Contienes la respiración mientras su linterna brilla abajo, explorando con una precisión cada centímetro del suelo de la cueva de abajo. Hay rocas desmenuzadas. Moreno, oscuro, sucio. Los montones de barro. Palos. Y huesos.

"Huesos", gritas por arriba.

Bones in a pile found inside the lava tube.

You look into the hole with your headlamp – it can't be more than 24 inches in diameter– so overgrown in brush you could easily walk right by it. What some would refer to as a trail is the only thing between the hole and the edge of a crater. The sun is setting – you are a kilometer from camp where Flaco Kevin has stayed to build the fire and fry the pig. The light from your headlamp disappears into the gloom.

You go in backwards, carefully feeling for footholds. Geovanny holds your weight and helps you lower yourself down. You momentarily reflect on how deceptively strong Ecuadorian men are. Small in stature, they possess an unexplainable old-man strength. You feel your foot take hold and signal for him to release you. Carefully searching the floor, you take a tentative step into the cave, shifting your weight as you make contact with the crumbly ground.

You straighten your headlamp and survey your surroundings. The cave is approximately 15 feet tall and narrow, four feet at its thinnest, eight feet at its widest. Parts of it are collapsed, exposing more rock above and making it appear to zig-zag into oblivion. The cave goes back about 30 feet, where it forks into two smaller tubes, both of which have collapsed. Water can drain down but nobody can fit through.

The walls are moist, the air damp, warmer than the air outside. You look up toward the entrance; the hole seems much smaller from below. A bit of natural light filters in illuminating the rocks, and is quickly enveloped by the darkness as it drifts down. The moss appears a vibrant green, everything else muted tones. You hold your breath as your flashlight shines down, exploring with a spot-like precision every inch of the cave floor below. There are crumbled rocks. Brown, tan, dark, dirty. Clumps of mud. Sticks. And bones.

"Huesos," you call up. Bones.

Vista desde la entrada (arriba) y desde el fondo de la cueva (derecha).

Te quitas la chaqueta mientras bajan tu equipo de cámara. No queda mucho para ver. Te mueves con cuidado para no molestar a los huesos. Ellos se mezclan en lo que se había derrumbado, cerca de la entrada. Cubierto de polvo y suciedad, se mezclan con las rocas. Los huesos parecen grandes, todo lo que queda de algun humano o criatura. Es difícil estar segura. Con la humedad de la cueva y la cercanía a la apertura, nada queda que habría podrido rápidamente.

Tú dejas tu cámara en un trípode, el obturador abierto, a medida que maniobrar cuidadosamente la cueva en la oscuridad, parpadeando con su estroboscopio de mano, pintando de la luz en la cueva, tratando de transmitir una sensación de espacio. Gotas de agua en las rocas, el sonido reverberando a través de la cueva anormalmente alta mientras que usted espera para oír el clic del obturador.

Hay más huesos detrás de las rocas, atrapados detrás de la sección colapsada. Inalcanzable, sino que también se conservan mejor. Los huesos se lavan en una pila. Usted los iluminas con una linterna por una exposición prolongada, la difusa luz creando profundidad y dimensión entre ellos y las rocas. El suelo de la cueva es blando, fangoso y quebradizo. Las paredes se cierran.

Vas subiendo y eres vagamente consciente de Vídeo agarrando tu brazo, ayudándote salir de la cueva. Haces una pausa, relajando para recuperar el aliento mientras el crepúsculo se asienta sobre el cráter. No te diste cuenta que estabas respirando tan pesadamente, o tal vez el aire es más ligero fuera de la cueva.

 Caminando, miras hacia atrás a la cruz, dejada apoyada encima del agujero. Difícilmente se destaca, no mucho más que la entrada en sí. Cubierto de plantas, se queda para sentarse y ver la puesta de sol, y marcar la tumba olvidada.

View of the lava tube from the entrance (left) and from the back of the cave (above).

You take off your jacket as your camera equipment is passed down. There is not much left to see. You move carefully so as to not disturb the bones. They are mixed into the rubble that had collapsed near to the entrance. Covered in dirt and grime, they blend in with the rocks. The bones appear large, all that remains of either a human or some other unlucky creature. It's difficult to tell. With the moisture in the cave and the nearness to the opening, anything left there would quickly rot and decay away.

You leave your camera on a tripod, the shutter open, as you painstakingly maneuver the cave in the darkness, flashing with your handheld strobe, painting light into the cave, trying to convey a sense of the space. Water drips on the rocks, the sound reverberating through the cave abnormally loud as you wait to hear the click of the shutter.

There are more bones behind the rocks, trapped behind the collapsed section. Unreachable, they are also better preserved. The bones are washed into a pile. You illuminate them with a flashlight for an extended exposure, the light diffuse, creating depth and dimension between them and the rocks. The cave floor is soft, muddy and crumbly. The walls close in.

You climb up and are vaguely aware of Geovanny grabbing your arm, helping you out of the cave. You pause, relaxing to catch your breath as twilight settles over the crater. You didn't realize you were breathing so heavily. Or perhaps the air is lighter outside of the cave? As you walk away, you turn, looking back at the cross left propped up above the hole. It hardly stands out, not much more than the entrance itself. Enveloped by plants, it is left to sit and view the sunset, marking the forgotten grave.

Es de noche en el campamento. Nos hemos comido la fritada, cerdo frito en su propia grasa. Hemos bebido la caña, cantamos canciones. Nuestro sueño es interrumpido por gritos y chillos y silencios periódicos. Por la mañana, nos despertamos para encontrar otros cuatro cerdos destripados que cuelgan de los árboles alrededor de la carpa. Misión cumplida.

****

It's night back at the camp. We've eaten the fritada, pig fried in its own fat. We've drunk the caña, sung songs. Our sleep is punctuated by squeals and screams and periodic silence. In the morning, we wake to find four more gutted pigs hanging from the trees around our tent. Mission accomplished.

The dogs await the rewards of a successful hunt. Los perros esperan sus recompensas de una caza exitosa.

Rico Palo places a cross above the entrance to the bone cave. Rico Palo coloca la cruz encima de la entrada de la cueva de huesos.

Dejando a Isabela en los dos barcos, Patecuco y su equipo capturaron un barco de pesca más grande al día siguiente. El envió dos de los pescadores vuelto a sus familias en Isabela en la lancha más pequeño. Los fugitivos luego encontraron y abordaron un yate de recreo de EEUU, la Belinda, obligando a sus tres pasajeros y tres tripulantes navegar hasta Punta Galera, un puerto en la costa de Esmeraldas. Allí, cinco días después de salir de Isabela, los prisioneros desembarcaron y se dispersaron en el continente, dejando a los estadounidenses y los dos restantes pescadores de Isabela libre para seguir adelante. La noticia de la fuga se propago. Una búsqueda nacional eventualmente resultó en la captura de todos los presos y su trasladado a cárceles en el continente para terminar sus sentencias.

La colonia penal de Isabela no sobreviviría la vergüenza y fue ordenado a cerrar en marzo del año siguiente. Durante sus 13 años, alrededor de 400 prisioneros habían sido enviados a la colonia penal. En 1959, en el momento en que se cerró, 61 prisioneros fueron acontados, incluyendo a los fugados. ¿Cuántos murieron? ¿Cuántos hicieron su tiempo? Documentos claves fueron destruidos o perdidos. Unos ex guardias y ex presos quedaron en Isabela para hacer una vida. Una gran parte de las Galápagos fue declarado parque nacional protegido al año siguiente. Historia natural fue acogida. La historia humana fue desviada. Alemánia y su árbol bototo se quedaron para ser invadidos poco a poco por los cerdos salvajes y el guayabo.

En 1971, Don Antonio Constante, un ex guardia de la prisión, se topó con Patecuco, apoyado en la Torre del Reloj Inglés en el malecón en la ciudad costera ecuatoriana de Guayaquil. Él había cumplido su sentencia. Sus manos se habían quemado horriblemente en un accidente industrial. Patecuco era libre.

****

Leaving Isabela in the two boats, Patecuco and his crew captured a larger fishing boat the next day, sending two fishermen back to their families in Isabela in the smaller launch. The fugitives then encountered and boarded an American pleasure yacht, the Belinda, forcing its three passengers and three crew to sail to Punta Galera, a port on the coast of Esmeraldas. There, five days after leaving Isabela, the prisoners disembarked and dispersed on the mainland, leaving the Americans and the two remaining Isabela fishermen free to carry on. News of the escape spread. A nationwide manhunt eventually resulted in the capture of all the prisoners who were sent to jails on the mainland to serve out their terms.

The Isabela prison colony would not survive the embarrassment and was ordered closed in March of the following year. During its 13 years, around 400 prisoners had been sent to the prison colony. In 1959, at the time it was closed, 61 prisoners were accounted for, including the escapees. How many died? How many did their time? Key records were destroyed or lost. A few former guards and former prisoners stayed on Isabela to make a life. Much of the Galapagos were declared protected National Park the following year. Natural history was embraced. Human history was deflected. Alemania and its Bototo tree were left to be slowly overrun by wild pigs and Guayabo.

In 1971, Don Antonio Constante, a former prison guard, ran into Patecuco leaning against the English Clock Tower on the boardwalk in the Ecuadorian coastal city of Guayaquil. He had served his time. His hands had been horribly burned in an industrial accident. Patecuco was free.

El viaje de regreso de Alemánia es un vago recuerdo. Cargando los restos de cinco cerdos y varias botellas vacías de caña, partimos hacia el este alrededor del cráter siguiendo de la ruta de fuga de los presos en 1957. Salimos desde la espesura de Alemánia a las llanuras de Buenaño, por la Ventana, el puesto de observación en la que aprehendemos la enormidad del cráter del Sierra Negra en todo su esplendor de once kilómetros de diámetro. A través de la monotonía y de la lluvia, llegamos al puesto fronterizo del Parque Nacional, pasamos por el Cura, y, finalmente, llegamos a la casa de Rico Palo, donde su esposa nos espera con arroz frito y un cuchillo de trinchar. Fileteamos los chanchos y dividimos la carne entre nosotros y los animales. Damos a Rico Palo nuestras carpas y el efectivo que tenemos y, dándole las gracias por la expedición, conseguimos un flete desde las tierras altas, a través de los planchones de lava y hasta el pueblo de playa, décadas más abajo.

Todos, los patos, pollos y perros, comen los pedazos deshechos de los chanchos cuando Rico Palo regresa de la caza.

Everyone - the ducks, chickens, and dogs, feasts on the pigs when Rico Palo returns home from the hunt.

The return trip from Alemania is a blur. Packing the remains of five pigs and empty caña bottles, we strike out east around the crater following the escape route of the prisoners in 1957. We emerge from the thickets of Alemania onto the plains of Buenaño, to la Ventana, the lookout where we apprehend the gaping yaw of Sierra Negra's crater in all its eleven-kilometer-in-diameter glory. Through monotony and rain, we reach the National Park outpost, pass by el Cura, and eventually arrive at Rico Palo's house where his wife meets us with fried rice and a carving knife. We butcher the pigs and divvy up the meat between us and the animals. We give Rico Palo our tents and what cash we have and, thanking him for the expedition, we hitch a ride back down through the highlands, across the lava fields and to the beach village, decades below.

The entrance to the cave, cross placed above. La entrada de la cueva, con la cruz encima.

unque Alemánia está detrás de unas líneas en algunos mapas del Parque Nacional, se ha pertenecido al pueblo de Isabela desde que los primeros colonos llegaron en los 1800s y se reconoce como parte del Cantón de Isabela en el Decreto de Canonización de 1973. Sangre y líneas de sangre del Pueblo fluyen a través de Alemánia, comprando y pagando por ella. La Parroquia llega hasta allí. Don Jacinto Gordillo, el cura que negoció la tregua con Patecuco y salvó a los aldeanos de aun más terrible sufrimiento, dejó el sacerdocio y regresó a la isla para criar una familia y para escribir, enseñar y guiar. Su hijo se hizo alcalde de Puerto Villamil mas luego.

Tal vez veremos una presencia humana más permanente en Alemánia, cuyos frutos han sido dejados a los cerdos. Desde la erradicación de las vacas, caballos, cabras y burros de las pampas de Isabela por los helicópteros de combate, no hay nada para detener la propagación de la espesura Guayabo y los cerdos que propagan los gérmenes. Si no se controla, la simbiosis Guayabo / chancho se extienda más allá de Alemánia y al siguiente volcán Cerro Azul, y cerrar el hábitat donde las tortugas salvajes todavía vagan. A diferencia de las vacas, los chanchos no pueden ser objeto de caza en helicóptero. Isabela necesita hombres con cuchillos y machetes para ir a vivir en Alemánia. Una vez más.

****

lthough Alemania is behind the lines on some National Park maps, it has pertained to the people of Isabela since the first colonists arrived in the 1800s and is recognized as part of the County of Isabela in the 1973 cantonization decree. The Pueblo's blood and bloodlines flow through it, buying and paying for it. The Parrish reaches to there. Don Jacinto Gordillo, the cleric who negotiated the truce with Patecuco and saved the villagers from more terrible suffering, left the priesthood and returned to the island to raise a family and to write, teach and guide. His son later became mayor of Puerto Villamil.

Perhaps we'll see a more permanent human presence in Alemania, whose fruits have been left to the pigs. Since the eradication of the cattle, horses, goats, and burros from the grasslands of Isabela by helicopter gunship, there is nothing to stop the spread of the Guayabo thicket and the pigs that spread the seeds. Left unchecked, the Guayabo/pig symbiosis will spill over beyond Alemania and onto the next volcano, Cerro Azul, and close off the habitat where wild tortoises still wander. Unlike the cattle, the pigs cannot be hunted by helicopter. Isabela needs people with knives and machetes to go live in Alemania. Again.

Sunset in Puerto Villamil. La playa de Puerto Villamil, atardecer.

Nos encontramos en hamacas en el bar playero de la Casa Rosada en Puerto Villamil, tomando tragos locales (caña con maracuyá), escuchando música local (los Iguanamen de Galápagos), y comiendo chancho frito con la dulzura tenue de guayaba y el débil eco de los chillidos de la noche anterior. Le hemos dado al cura una miniatura de la cruz que colocó Rico Palo sobre la fosa. Le hemos dado al Parque Nacional un cuarto trasero de chancho y las gracias por su amable ayuda. Miramos a los surfistas locales volviendo de haber cogidos las olas de la tarde, llegando para jugar en la línea tensa y bailar la rumba alrededor del fuego, la sangre de agricultores y pescadores, presos y policías bailando en sus venas.

Galápagos es como una cebolla. Sabrosa.

The crosses made from Galapagos lava rock and barbed wire, photographed on the beaches of Isabela.
Los cruces, hecho de de roca de lava de Galapagos y alambre, fotografiado en la playa de la Isla Isabela.

We find ourselves in hammocks at the Casa Rosada Beach Bar in Puerto Villamil, drinking caña with passionfruit, listening to the music of a local band, los Iguanamen de Galapagos, and eating fried pig with the faint sweetness of guava and the faint echo of last night's squeals. We've given the priest a miniature of the cross that Rico Palo placed over the burial pit. We've given the National Park guards a hindquarter and thanked them for their kind help. We watch the local surfers walking back from an afternoon of catching waves to play on the slack-line and party around the fire, the blood of farmers and fisherman, prisoners and guards dancing through their veins.

Galapagos is like an onion. Savory.

Jeff Frazier escribe sobre la historia de las islas, los lugares salvajes y los personajes que todavía los recorren.

Jeanette Warner es una fotógrafa que documenta la vida y las aventuras en las Islas Galápagos.

Si disfrutaste estos cuentos, descubre también estos títulos de Historias de Iguanaville:

EL POZO DE LA PERDICIÓN
THE MERMAID'S TUNE

La historia continúa, como suelen hacerlo las historias.

Puedes seguirla aquí:

WWW.IGUANAVILLE.COM

****

Jeff Frazier writes about island history, wild places, and the characters
who still roam them.
Jeanette Warner is a photographer who documents life and
adventure in the Galápagos Islands.

If you enjoyed these stories, check out these titles from Iguanaville Island Stories:
PIT OF DOOM
THE MERMAID'S TUNE

The story continues, as stories tend to do.
You can follow it here:
WWW.IGUANAVILLE.COM

Left to Right, Izquierda de Derecha: Rico Palo, el Flaco Kevin, Geovanny Briones, el Gringo Jeff and Jeanette Warner

<u>Bibliography/Bibliografía</u>

"Basalto: Etapa de Terror y Lagrimas Durante la Colonia Penal en Isabela,"
Don Antonio Constante Ortega (2003).

"Stories From 44 Years in the Galapagos Islands," Don Jacinto Gordillo (1993).

"Isabela: Terror y Lagrimas, Una Revision de los 13 anos de Historia de la
Colonia Penal, Instaurada en 1946 en el Archipielago de Galapagos, Ministerio
de Cultura de Ecuador, por Rodas y Vivanco (2010).